# Alice au Pays du Droit

## Alice prête serment

Enrick B. Editions, 2020, Paris
www.enrickb-editions.com


Illustration couverture : Mouche Cousue
Réalisation couverture : Comandgo
Directrice de la collection LMD - Le Meilleur du Droit : Tatiana Vassine

ISBN : 978-2-35644-509-4

# Le mot de la directrice de collection

Cher lecteur,
Chère lectrice,

Peut-être pensez-vous que le droit est un domaine obscur, voire austère, et qu'il n'a d'intérêt (et encore...) que dans les séries télévisées américaines.
Eh bien, permettez-moi d'« objecter » à ce postulat ingrat. S'il est vrai que le droit est complexe, technique et parfois (soyons honnêtes) difficile à appréhender, il n'en reste pas moins passionnant. D'abord parce que, qu'on le veuille ou non, c'est bien le droit qui régit nos rapports à autrui, nos comportements et nos libertés. Ensuite parce qu'il nous offre l'occasion de nous pencher sur des questions spécifiques et ô combien motrices pour l'évolution de notre société. Enfin parce qu'il regorge de situations cocasses propices à l'engouement pour la matière.

Forte de ce constat, la collection LMD (non pas « Licence Master Doctorat » mais **Le Meilleur du Droit**) s'est fixée pour défi de démocratiser la découverte du droit et de proposer une forme nouvelle d'appréhension du contenu juridique. Favoriser son accès, faciliter sa compréhension, permettre sa meilleure assimilation, voici nos objectifs. Que ce soit au travers des sujets abordés, du format adopté, du ton employé, vous trouverez dans cette collection toute une panoplie d'ouvrages qui abordent le droit sous un angle différent. Et pour ce faire, nous pouvons compter sur le talent de nos auteurs (enseignants, juristes, avocats et même étudiants !) pour sortir du modèle traditionnel et vous livrer le meilleur du droit.

## Alice au Pays du droit – Alice prête serment

Et si le droit avait sa *Martine* ?
Mais cette fois-ci, pas question d'aller à la plage, à la ferme, ou au cirque, ni même d'apprendre à nager, jouer d'un instrument de musique ou encore dessiner. Non, cette fois-ci, il s'agira de plonger dans le quotidien des

avocats et de leurs cabinets, des tribunaux et de leurs salles d'audience, de partager leurs activités de traitement de dossiers, rédaction de consultations, ou encore plaidoiries. Avec en bonus des rubriques juridiques dédiées pour devenir incollable sur le thème abordé et éviter les pièges tendus sur la (périlleuse) route juridico-judiciaire.

*Alice au pays du droit* relève le défi de compiler roman graphique et guide juridique. Devenir avocat, plaider un dossier devant le tribunal judiciaire, assurer une garde à vue n'auront plus de secret pour vous.
Dans ce premier opus, Alice nous invite à sa prestation de serment. Quel moment inoubliable dans la vie de chaque avocat ! L'aboutissement de nombreuses années d'études, de stress, d'incertitudes... tout cela s'évanouit en cet instant fatidique, celui où pour la première fois on revêt (officiellement) la robe d'avocat, celui où pour la première fois on touche du doigt ce qu'implique cette profession, celui où pour la première fois on devient avocat. Aux côtés d'Alice, le lecteur pourra suivre les dernières étapes qui la séparent de sa nouvelle vie, à commencer par les démarches auprès de l'Ordre ou encore les entretiens pour trouver sa première collaboration, mais aussi dénicher toutes les informations qui lui seront utiles comme la constitution de son dossier d'inscription, la signification du serment ou encore les points clés du contrat de collaboration.

Bienvenue au pays des merveilles, bienvenue au pays du droit !

Tatiana VASSINE
Directrice de la collection « Le Meilleur du Droit »

1
J-72
TON CAPA,
TU OBTIENDRAS !

EFB

ECOLE DE FORMATION DU BARREAU

APRÈS :

* 6 MOIS DE COURS À ENTENDRE LES FAITS D'ARME DE CHAQUE INTERVENANT
* 6 MOIS DE STAGE OÙ J'AI EU AUTANT DE RESPONSABILITÉS QU'UN ÉLÈVE DE 3EME EN STAGE
* 6 MOIS PENDANT LESQUELS J'AI APPRIS À FAIRE DES RECHERCHES

VOICI MES NOTES :

- 8 ANGLAIS
- 9 DÉONTO
- 7 CONTRÔLE CONTINU

ET C'EST MA NOTE DE RAPPORT DE STAGE QUI ME SAUVE ...

11:35
DEVANT LE TABLEAU DES RÉSULTATS
CHAMPAGNE
Youpiii
J'AI MON
CAPA !

À MOI
LA GLOIRE,
L' ARGENT
ET LE RESTE SUIVRA
(PEUT-ÊTRE...)
2
1
3
JE SUIS MAINTENANT
IRRÉFRAGABLE !

EN MÊME TEMPS, JE NE SUIS PAS LA SEULE À ÊTRE REÇUE, NOUS LE SOMMES PRESQUE TOUS, RIEN D'EXCEPTIONNEL, DONC...
CH'SUIS NULLE NULLE
AUGMENTATION DE L'EFFECTIF RÉEL DU BARREAU DE PARIS CHAQUE ANNÉE
1500
1125
750
375
0
2002
2004
2006
2008
2010
2012
+ 100 % EN 10 ANS DES INSCRITS NETS CHAQUE ANNÉE AU BARREAU DE PARIS
SOURCE : VILLAGE DE LA JUSTICE

MAIS IL N'Y A QUE DES FILLES ?!
CODE DE LA COMMUNICA
CODE DE LA PROPRIÉTÉ INTELLECTUELLE
CODE DU TRAVAIL
MANIFESTEMENT TOUTES MANNEQUINS PARALLÈLEMENT À LEURS BRILLANTES ÉTUDES DE DROIT...
« ALORS QUE 70 % DES ÉLÈVES AVOCATES SONT DES FEMMES, ELLES NE SONT PLUS QUE 54 % INSCRITES AU BARREAU DE PARIS ET SEULEMENT 32 % À DEVENIR ASSOCIÉES. »
SOURCE : LE FIGARO
JE DOIS PAS AVOIR LE BON PATRIMOINE GÉNÉTIQUE !
ÇA VA ÊTRE DUR DE CHOPER DANS CE CONTEXTE ANTICONCURRENTIEL...

15:53
APRÈS 450 APPELS TÉLÉPHONIQUES DONT 359 À PAPA QUI A FINI PAR CÉDER POUR LA VESPA.
DE LA PART DE PAPA

BON OK, C'EST LE MOMENT DE FÊTER ÇA ~ dignement ~ AVEC MES CAMARADES DE PROMO, EUH... MES FUTURS CONFRÈRES !
RATATAM
Super_Alice ...
408 J'aime
DRINK
VODKA
LOVE
FRIENDS
PFUIT
like like like
JE REGRETTE DÉJÀ TOUS CES POSTS QUE JE NE PEUX PLUS CONTRÔLER...

18:56
DANS LE QUATRIÈME BAR EN MODE Happy Hour
YOUHOU
À POIL!
À POIL!
JE VAIS PAS TENIR... ÇA VA DÉGÉNÉRER!
19:45
IL FAUT QUE JE RENTRE, J'EN PEUX PLUS!!! MAIS COMMENT LEUR DIRE...
BURP!!
ÉLOIGNEZ CETTE BOUTEILLE DE MOI!!!
VODKA

21:07

COMME AUCUN TAXI NE VEUT ME PRENDRE...

21:08

J'APPELLE MON SAUVEUR...

# Les indispensables

## Le déroulement du CAPA

### La formation :

**18 mois de formation** décomposés en trois périodes de 6 mois chacune :
- 6 mois d'enseignements (330 heures environ)
- 6 mois consacrés à la réalisation d'un projet pédagogique individuel (PPI)
- 6 mois de stage en cabinet d'avocat (stage final)

**CAPA ?**
- Diplôme d'état créé en 1941
- Délivré aux élèves ayant suivi la formation dispensée par une école d'avocats (EDA*)

* "EDA" est la dénomination donnée depuis 2004 aux centres régionaux de formation professionnelle des avocats ("CRFPA").

### Les épreuves et coefficients :

Les épreuves du CAPA ont été fixées par un arrêté du 7 décembre 2005 précisant le programme et les modalités de l'examen d'aptitude à la profession d'avocats (JORF n°291 du 15 déc. 2005, p.19290).

**Article 3 :**

*« L'examen du certificat d'aptitude à la profession d'avocat, dont le programme est annexé au présent arrêté, comporte les épreuves suivantes :*

*1° La rédaction en cinq heures d'une* ***consultation****, suivie d'un* ***acte de procédure*** *ou d'un* ***acte juridique*** *(coefficient 2) ;*

*2° Un* ***exercice oral****, d'une durée de quinze minutes environ, après une préparation de trois heures, portant sur un* ***dossier de droit civil, commercial, social, pénal, administratif ou communautaire, au choix du candidat*** (coefficient 2) ;

*3° Une* ***interrogation orale*** *à finalité pratique, d'une durée de vingt minutes environ, après une préparation d'une heure, sur un sujet portant sur le statut et la* ***déontologie*** *des avocats (coefficient 3) ;*

*4° Une* ***interrogation orale****, d'une durée de vingt minutes environ, après une préparation de vingt minutes, portant, au choix du candidat, sur l'une des* ***langues vivantes étrangères*** *enseignées dans le centre (coefficient 1) ;*

*5° Un* ***exposé discussion*** *de vingt minutes environ avec le jury, à partir d'un rapport élaboré par le candidat, portant sur* ***son projet pédagogique individuel*** *visé au premier alinéa de l'article 58 du décret du 27 novembre 1991 susvisé (coefficient 1) ;*

*6° Une* ***discussion*** *de vingt minutes environ avec le jury, à partir d'un rapport rédigé par le candidat, portant sur ses observations et réflexions relatives à* ***l'exercice professionnel à la suite du stage*** *visé au deuxième alinéa de l'article 58 du décret du 27 novembre 1991 susvisé (coefficient 2).*

*Le jury dispose des observations du maître de stage sur la qualité du travail de chaque candidat. »*

A cette fin, le maître de stage renseigne une grille détaillée établie par le conseil d'administration du CRFPA.

| | ÉPREUVES | COEFFICIENT | NOTE |
|---|---|---|---|
| EXAMEN DU CAPA | Épreuve écrite | 2 | Note de 0 à 20 |
| | Plaidoiries | 2 | |
| | Statut et déontologie de l'avocat | 3 | |
| | Langue vivante | 1 | |
| | Soutenance rapport stage PPI | 1 | |
| | Soutenance rapport stage cabinet | 1 | |

## + Le contrôle continu (coefficient 2)

À l'École de Formation au barreau (Paris), le contrôle continu se compose par exemple de : **TD de déontologie** + **LAB*** + **épreuves de fin de semestre** (QCM de management de cabinet, QCM de langues, consultation et rédaction d'acte) + **foisonnements**.

Les foisonnements sont de vrais dossiers qui ont été jugés et sur lesquels l'élève-avocat va s'entraîner en demande et en défense. Ils matérialisent *« l'aboutissement pratique de la formation** »*.

L'exercice est composé de trois temps :

**1/** rédaction d'une consultation ;

**2/** rédaction d'une assignation/requête (si en demande) ou conclusions/mémoire (si en défense) ;

**3/** plaidoirie.

* Laboratoire d'expérimentation de la technologie au service du droit

** Livret d'information du futur élève avocat de l'EFB, promotion TOUBON

## Les critiques sur la formation initiale des avocats

Une commission a été créée afin de remédier aux critiques et a proposé :

- de réduire le nombre de matières enseignées ;
- d'exclure tout enseignement théorique à l'exception de la procédure ;
- d'introduire des cours dédiés aux humanités ;
- de limiter les enseignements à des petits groupes.

Mais le chantier ne s'arrête pas là ...

Il est prévu de revenir, aussi, sur :

- la durée de la formation jugée trop longue ;
- l'insuffisance de la sélectivité des élèves (certains souhaitent que seuls les élèves titulaires d'un master 2 puissent présenter le CRFPA ).

# 2

LE LENDEMAIN...
MASTER DROIT
LICENCE DROIT
CODE DE PROCÉDURE CIVILE
CODE CIVIL
CODE DE PROCÉDURE PÉNALE
CODE PÉNAL
CODE DE JUSTICE ADMINISTRATIVE
CODE DU TRAVAIL
CODE DE COMMERCE
ISP
CODE DE LA COMMANDE PUBLIQUE
CODE DE LA COMMUNICATION
CODE DE LA PROPRIÉTÉ INTELLECTUELLE
CODE DES BAUX
CODE DU SPORT
Z

# *Les indispensables*

## Les congés du collaborateur libéral

**L'article 14.2 du RIN dispose que :**

*« Le contrat doit également prévoir : la durée et les modalités d'exercice : […] durée des congés définis par la convention collective pour l'avocat collaborateur salarié et durée des périodes de repos rémunérées pour le collaborateur libéral* ***(cinq semaines, sauf meilleur accord)*** *; »*

**CNB – avis déontologique n°2013/026 :**
5 semaines calendaires (lundi matin à dimanche soir) soit 35 jours de congés par an.

VS

**Ordre des avocats du barreau de Paris :**
2,5 jours acquis par mois travaillé soit 25 jours de congés par an.

Thèse la plus suivie en pratique

À ne pas confondre avec les jours de congés au sens du code du travail qui se calculent sur la semaine de travail (5 jours ouvrés ou 6 jours ouvrables hors jour de repos hebdomadaire) contrairement à ceux du collaborateur qui peut travailler les week-ends et jours fériés.

Le collaborateur libéral peut, en théorie, prendre ses jours de congés quand il le souhaite. La majorité des contrats de collaboration mentionnent, néanmoins, qu'il n'est pas possible de poser plus de 2 semaines consécutives et ce, sous réserve d'un accord préalable avec le cabinet sur les dates de congés souhaitées.

*Les congés sont, malgré le caractère libéral de la collaboration, strictement encadrés.*

Le collaborateur peut prendre ses jours de congés dès qu'ils ont été acquis. Il n'a pas à attendre d'avoir collaboré pendant une année révolue.

En cas de rupture du contrat : le collaborateur libéral doit prendre ses congés avant la date anniversaire du contrat ou avant l'expiration du délai de prévenance. À défaut, il est réputé y avoir renoncé.

**CNB – avis déontologique n°2017/028 :** Le calcul des périodes de repos rémunérées se fait par ann[ée] anniversaire du contrat.

| PÉRIODE | ASSIMILABLE À UN REPOS RÉMUNÉRÉ | OUVRE DROIT AUX CONGÉS PAYÉS |
|---|---|---|
| Temps consacré à développer sa clientèle personnelle | ✗ | ✓ |
| Suspension pour cause de parentalité | ✗ | ✓ |
| Indisponibilité pour raison de santé | ✗ | ✗ |
| Délai de prévenance | ✗ | ✓ |

**CNB – avis déontologique n°2016/081 sur le congé parental :** Il ne constitue pas un droit pour la collaboratrice, le collaborant peut s'y opposer.

**CNB – avis déontologique n°2017/028** sur les périodes de repos rémunérées qui n'auront pu être prises avant la notification de la rupture : le collaborateur ne peut prétendre au paiement des périodes de repos rémunérées non prises que s'il a trouvé un accord avec le cabinet.

**CNB – avis déontologique n°2010/061 sur les absences pour raisons médicales :**
L'article 14.3 du RIN prévoit seulement qu'en cas de maladie, le collaborateur libéral est considéré en situation « d'indisponibilité ». La période de maladie ne saurait être considérée comme une période de repos rémunéré et donc s'imputer sur les droits du collaborateur à ce titre. L'arrêt maladie n'ouvre, par ailleurs, pas droit à congés.

*Bon à savoir :*

**CNB – avis déontologique n°2011/051b :**
Un collaborateur libéral ayant démissionné de son cabinet peut entamer une nouvelle collaboration dans un nouveau cabinet pendant la période de repos rémunéré pris durant le délai de prévenance.

3
J-70
TON DOSSIER D'INSCRIPTION, TU REMPLIRAS !

7:53
J'ARRIVE À L'EFB...
FERMÉ
HARCÈLEMENT
#balancetonassocié
CONCOURS D'ÉLOQUENCE
LA FINALE
BURN OUT ?
ÊTRE AVOCAT, UN RÊVE ?
MINCE !
LE BUREAU DES INSCRIPTIONS OUVRE DE 11H30 À 11H45 UNIQUEMENT LE MARDI !
Grrr
J'VAIS ALLER PRENDRE UN CAFÉ !
44 CAFÉS PLUS TARD...
LATAZZA
BON ! IL EST 11H10, JE VAIS PEUT-ÊTRE Y ALLER DOUCEMENT...

11:10
MAIS NOOOOON !!! ILS SONT DÉJÀ TOUS LÀ...

ÇA Y EST,
J'AI MON DOSSIER D'INSCRIPTION...
HELP
HELP
IL NE ME RESTE PLUS QU'À LE REMPLIR ET À FOURNIR...
1 UN CASIER JUDICIAIRE...
MINCE !
CENSURE
ET LE JOUR OÙ J'AI...
AÏE ! ÇA COMMENCE MAL...

② DEUX ATTESTATIONS DE MORALITÉ...
MDR !
JE VAIS DEMANDER À MES ANCIENS PETITS COPAINS !
SEX
CENSURE
...OU PAS !!

## ③ DES PHOTOS D'IDENTITÉ...

FACILE ÇA !

EUH... PAS TANT QUE ÇA !!!

# 4 UN CONTRAT DE COLLABORATION

LA GALÈRE COMMENCE ...

# Les indispensables

## Le contenu du dossier d'inscription pour prêter serment

### Les pièces à fournir

Le dossier doit contenir les pièces suivantes :

- originaux et copies du CAPA ;
- original et copie recto-verso des documents permettant d'établir l'état civil : CNI, passeport ou certificat de nationalité ;
- extrait de casier judiciaire de moins de trois mois ;
- deux attestations de moralité ;
- justificatif des futures conditions d'exercice ;
- curriculum Vitae ;
- deux photographies d'identité ;
- un chèque de 800 € libellé à l'« Ordre des avocats de […] ».

**Attestation de moralité :** elle doit être établie sur papier à en-tête par une personnalité du monde juridique ou judiciaire ayant au moins dix années de pratique professionnelle. Elle doit comporter des indications quant à la moralité du candidat, sa compétence et son aptitude à exercer la profession d'avocat. Il n'est pas proposé de modèle, la rédaction étant laissée à la libre appréciation de l'auteur.

⚠ Une seule des deux attestations demandées peut être établie par un membre du cabinet que le candidat s'apprête à rejoindre.

source : www.avocatparis.org

### Formulaire d'inscription

Le dossier d'inscription se compose, également, d'encarts à completer comme l'état civil, les diplômes obtenus, les langues pratiquées, le mode d'exercice de l'activité professionnelle et un questionnaire « déclarations diverses ».

Avez-vous été déclaré en faillite ou en cessation de paiements, ou faites-vous actuellement l'objet d'une telle procédure ?

☐ Non ☐ Oui *(Détaillez sur une feuille séparée et précisez si vous avez conclu un règlement amiable ou une transaction avec les créanciers)*

Avez-vous été déclaré coupable d'un délit ou d'un crime par une juridiction française ou étrangère ?

☐ Non ☐ Oui *(Détaillez sur une feuille séparée)*

Avez-vous fait l'objet d'une condamnation disciplinaire non amnistiée ou d'une condamnation pour faute professionnelle ?

☐ Non ☐ Oui *(Détaillez sur une feuille séparée)*

Avez-vous précédemment sollicité votre inscription à un autre barreau ?

☐ Non ☐ Oui

Dans l'affirmative, précisez la date et le barreau concerné :

Date ____________ Barreau ____________

Êtes-vous à jour de l'ensemble de vos obligations auprès des administrations fiscales et sociales ?

☐ Non ☐ Oui

source : www.avocatparis.org

## Que faire après l'obtention de ces pièces ?

Créer son espace en ligne sur
www.avocatparis.org
(pour le barreau de Paris)

↓

Dépôt des pièces

↓

Vérification formelle du dossier

↓

Désignation d'un rapporteur

↓

Prendre RDV avec le rapporteur désigné

↓

Le rapporteur donne son avis sur la candidature

↓ ✓ Favorable

↓ ✗ Défavorable → TRY AGAIN !

Dépôt de l'avis du rapporteur sur l'espace en ligne
*Sésame, ouvre-toi !*

↓

Choisir une date de prestation

Chers Parisiens, vous n'aurez plus la chance de vous rendre place Dauphine pour déposer votre dossier.

*Vive la révolution numérique !*

4
J-53 À J-15
UNE COLLABORATION,
TU TROUVERAS !

JE ME METS SUR MON 31 POUR PASSER MES ENTRETIENS...
COIFFEUR POUR L'OCCASION !
FABULEUSE
VERNIS
MANUCURE
MISS FUTURE AVOCATE
INCROYABLE
MERVEILLEUSE
J'AI UNE PÊCHE !!!
TEL HARVEY SPECTER « JE N'AI PAS DE RÊVES, J'AI DES BUTS. »

QUESTION EXISTENTIELLE...
JE M'HABILLE COMMENT?
Chic & Élégante
Branchée
AMPOULES ASSURÉES
COSTUME OVERSIZE + BASKETS
EMPOWERMENT
ILS NE VONT PAS COMPRENDRE!

UN PEU TROP... CONCEPTUEL ?!
BLOUSE NOIRE + PANTALON NOIR + BOTTINES NOIRES
ZÉRO PRISE DE RISQUE, Grrrr... JE M'HABILLE COMME D'HABITUDE !

J-53 MON PREMIER ENTRETIEN D'EMBAUCHE
CABINET Me MARRON
ÊTES-VOUS CONTRE LA LIGATURE DES TROMPES ?
...
EN CAS DE RÉPONSE NÉGATIVE, SOUHAITEZ-VOUS FAIRE DES ENFANTS ?
?
EN CAS DE RÉPONSE POSITIVE, SOUS QUEL DÉLAI ? À 2-3 MOIS PRÈS...
?
EUH ? VOUS AVEZ VRAIMENT DIT CE QUE J'AI ENTENDU ?
GRRR
AU SECOURS ! MÔÔÔMAN

J-51 MON DEUXIÈME ENTRETIEN D'EMBAUCHE
SELARL SERT ARIEN & PARTNERS
HÉ HO CH'SUIS LÀ !
ÊTES-VOUS DISPONIBLE LE WEEK-END ?
ÊTES-VOUS FACILEMENT JOIGNABLE ? MÊME EN VACANCES ?
COMMENT NOTERIEZ-VOUS VOTRE FORCE DE TRAVAIL DE 0 À 10 ?
VOUS SAVEZ, LES DEUX PREMIÈRES ANNÉES, VOUS N'AUREZ PAS DE VIE, IL FAUDRA TRAVAILLER, TRAVAILLER, TRAVAILLER...
GRRR
AU SECOURS ! MÔÔÔMAN

ET PENDANT CE TEMPS LÀ, ON CHERCHE AUSSI UN APPARTEMENT OU UNE CHAMBRE. BREF! UN LIEU POUR DORMIR ET ÊTRE PROCHE DU CABINET !
ALLO PÔÔPA! OK POUR LA CHAMBRE DE BONNE DANS LE 20ÈME ARRONDISSEMENT! CAR JE NE VAIS FAIRE QUE TRAVAILLER!
UNE SALLE DE DOUCHE ET UN MATELAS SUFFIRONT ...
HA, HA, HA ! OUI C'EST ÇA ! J'AIME LE DROIT !

J-48 MON SIXIÈME ENTRETIEN D'EMBAUCHE
AARPI (*) DE NICHE
RIEN DE BIEN MÉCHANT, JE VAIS VOUS TESTER AVEC CE PETIT QUESTIONNAIRE DE 270 PAGES...
?!!
MON NOM N'EST PAS « ROSS » MAIS ALICE ET JE NE TRAVAILLE PAS POUR IBM !
GRRR
AU SECOURS ! MÔÔÔ MAN
(*) ASSOCIATION D'AVOCATS À RESPONSABILITÉ PROFESSIONNELLE INDIVIDUELLE

J-34 MON HUITIÈME ENTRETIEN D'EMBAUCHE
SCP VIEUX & MISER
JE COMPRENDS QUE VOUS DEMANDIEZ LE TARIF UJA (*) MAIS, VOUS SAVEZ, LE TARIF UJA EST TRÈS SURFAIT ET NE CORRESPOND À AUCUNE RÉALITÉ PRATIQUE. DÈS LORS QU'IL FAUT, POUR ÊTRE RENTABLE, FAIRE x4 SUR LE MONTANT DE LA RÉTRO. VOUS EN SEREZ TRÈS LOIN PENDANT DE LONGS MOIS DURANT LESQUELS NOUS ALLONS PERDRE BEAUCOUP D'ARGENT.
(*) UJA : UNION DES JEUNES AVOCATS
(**) VOIR INDISPENSABLES
IL NE VA QUAND MÊME PAS ME PROPOSER LE TARIF DE L'ORDRE ?!! (**)
GRRR
AU SECOURS ! MÔÔÔMAN
!?!

APRÈS DE TRÈS (TROP ?) NOMBREUX ENTRETIENS...
MASTER DROIT
LICENCE DROIT
BON ALLEZ ! JE RETOURNE ME NOURRIR SOUS MA COUETTE !
ISP
CODE DE LA COMMANDE PUBLIQUE
CODE DE LA COMMUNICATION
CODE LA PROPRIÉTÉ INTELLECTUELLE
CODE DES BAUX
CODE DU SPORT
nubella
MIAOUUU
PING PONG
nubella
nubella

J-15 ENFIN - LA SIGNATURE DE MON CONTRAT DE COLLABORATION
CABINET DUPOND & DUPONT
ELLE
LUI
DIRECTEMENT RDV AVEC LES DEUX ASSOCIÉS, C'EST BON SIGNE !
ELLE : ELLE ME FAIT PEUR... VRAIMENT TRÈS TRÈS PEUR...!
LUI : IL EST JUSTE...

BON L'ENTRETIEN S'EST HYPER BIEN PASSÉ !
IL
IL
IL
JE VEUX TRAVAILLER POUR LUI.
I ♥ LE DROIT
IL

# *Les indispensables*

## Le contrat de collaboration

### Les points clés du contrat de collaboration

Le cabinet doit mettre à la disposition du collaborateur les moyens matériels nécessaires aux besoins de sa collaboration dans des conditions normales d'utilisation et ce, gratuitement.

*Pourquoi ?*
*La gratuité justifie un montant de rétrocession d'honoraires supérieur pour les avocats sous-traitant ponctuellement puisqu'ils n'utilisent pas les ressources du cabinet.*

*Bureau, ordinateur, imprimante, timbres, papier, stylos, connexion internet, ligne téléphonique ...*

**Article 14.3 du RIN – dédit formation :**

*« L'avocat collaborateur libéral ou salarié qui décide de mettre fin à son contrat après avoir bénéficié d'une formation dispensée à l'extérieur du cabinet et financée par le cabinet ne peut, en principe, se voir demander d'indemnité à ce titre. Toutefois, une telle indemnité pourrait être contractuellement prévue si la formation reçue revêtait un caractère exceptionnel révélé par sa durée et son coût. Dans ce cas, l'avocat collaborateur libéral ou salarié pourrait demander une réduction de cette indemnité si elle était excessive ou sa suppression totale si elle était de nature à mettre obstacle à sa liberté d'établissement ultérieure. L'indemnité pourra être demandée pendant un délai maximum de deux ans après que la formation aura été reçue ».*

**Article 14.3 du RIN – formation :**

*« **La formation déontologique et professionnelle est un droit et une obligation de l'avocat collaborateur libéral ou salarié, auxquels le cabinet doit se conformer.** Au titre de l'obligation de formation continue de l'avocat collaborateur, celui-ci doit disposer du temps nécessaire pour suivre les formations de son choix parmi celles prévues à l'article 85 du décret du 27 novembre 1991 modifié. Le collaborateur libéral ou salarié peut recevoir, notamment pendant ses premières années d'exercice à compter de la prestation de serment, de la part du cabinet une formation adaptée aux dossiers qui lui sont confiés par ledit cabinet. Cette formation, si elle s'accomplit selon les modalités fixées par les décisions du Conseil national des barreaux prises en application de l'article 85 du décret n°91-1197 du 27 novembre 1991 précité, est susceptible d'être validée au titre de l'obligation de formation continue obligatoire. L'avocat collaborateur libéral doit prévenir le cabinet dans lequel il exerce, des sessions de formation externe qu'il souhaite suivre, au plus tard quinze jours avant leur début ».*

**Article 14.3 du RIN – spécialisation :**

*« **L'avocat collaborateur libéral ou salarié doit pouvoir bénéficier du temps suffisant pour suivre toute session de formation nécessaire à l'acquisition d'une spécialisation.** Le cabinet doit s'efforcer de lui confier, dans des conditions contractuellement définies, des travaux relevant de la ou des spécialisations recherchées, si l'avocat collaborateur libéral ou salarié souhaite les acquérir dans le cadre des dispositions de l'article 88 du décret du 27 novembre 1991 ».*

**Article 14.3 du RIN – liberté d'établissement ultérieure :**

*« Toute stipulation limitant la liberté d'établissement ultérieure est prohibée. Dans les deux ans suivant la rupture du contrat, l'avocat collaborateur libéral ou salarié devra aviser le cabinet dans lequel il exerçait, avant de prêter son concours à un client de celui-ci. Le client s'entend comme celui avec lequel l'ancien collaborateur libéral ou salarié aura été mis en relation pendant l'exécution du contrat. L'ancien collaborateur libéral ou salarié doit s'interdire toute pratique de concurrence déloyale ».*

## La rétrocession *(bref, ce que vous attendiez tant !)*

**Article 14.3 du RIN – rétrocession d'honoraires :**

*« La rétrocession d'honoraires versée par le cabinet au collaborateur libéral peut être fixe ou pour partie fixe et pour partie variable. Pendant ses deux premières années d'exercice professionnel, l'avocat collaborateur libéral doit recevoir une rétrocession d'honoraires qui ne peut être inférieure au minimum fixé par le conseil de l'ordre du barreau dont il dépend ».*

Le collaborateur peut aussi percevoir un pourcentage pour l'apport de dossiers au cabinet.

| PETIT TOUR DE FRANCE DES MONTANTS DES RÉTROCESSIONS D'HONORAIRES | | | | |
|---|---|---|---|---|
| Année d'exercice | Tarif Ordre* Paris | Tarif Union des Jeunes Avocats** | | |
| | | Paris | Lyon | Marseille |
| 1ère année | *3100 € HT* | *3970 € HT* | *2650 € HT* | *2200 € HT* |
| 2ème année | *3500 € HT* | *4370 € HT* | *2800 € HT* | *2400 € HT* |

Tarifs 2020

* Pendant ses deux premières années d'exercice professionnel, l'avocat collaborateur libéral doit recevoir une rétrocession d'honoraires qui ne peut être inférieure au minimum fixé par le conseil de l'ordre du barreau dont il dépend. (Art. 14.3 RIN)

** Tarif en-deçà duquel accepter une collaboration reviendrait à se mettre en difficulté économique et qui est majoritairement suivi en pratique.

*Cabinet = 1er client du collaborateur*

↓

*L'avocat collaborateur facture du temps de travail au cabinet.*

↓

*Il lui incombe donc de faire des factures mensuelles au cabinet correspondant au montant de la rétrocession d'honoraires.*

*Assujettissement du collaborateur à la TVA ?*
*Cela dépend du montant HT des honoraires perçus (rétrocession honoraires + honoraires clients personnels + aide juridictionnelle).*
*– Cf. Article 293B du Code général des impôts –*

**Arrêté disciplinaire n°16.3844 du 9 octobre 2009 :**

Manque à l'honneur, à la probité et à la confraternité l'avocat qui, malgré les engagements pris devant la Commission de Collaboration, ne règle pas des sommes dues à son ancien collaborateur.

**Arrêté disciplinaire n°24.0554 du 21 novembre 2005 :**

Constitue une infraction à l'article 14 du RIBP et un manquement aux principes essentiels de confraternité et de délicatesse le fait, pour un avocat, en raison de difficultés financières entraînant la cessation de son activité et ayant eu de graves répercussions sur sa santé, de s'abstenir de verser la rétrocession d'honoraires due à sa collaboratrice pour un montant total de 20.000 €.

Le défaut de paiement constitue une faute du cabinet et porte atteinte aux principes essentiels de la profession d'avocat.

*Le collaborateur peut alors prendre acte de la rupture.*

5
J-13
AU CABINET
DUPOND & DUPONT
TU ARRIVERAS !

8:22
TADAAADAAAA...
J'ARRIVEEEEEEEEEEE
TANT QUE JE N'AI PAS PRÊTÉ SERMENT, JE SUIS JURISTE À TITRE LIBÉRAL ET DONC AUTORISÉE À COMMENCER À TRAVAILLER (UNE DÉROGATION DE L'ORDRE PARAÎT-IL !).

MAIS...
HELP
HELP
HELP
IL N'Y A PERSONNE ?
PFFFF
SEULE AU MONDE
LA PREMIÈRE SECRÉTAIRE N'ARRIVE QU'À 9H00...
JE SUIS AVEC L'ÉQUIPE D'ENTRETIEN...
ENTRETIEN
SHHHorrPPPP
JE VAIS ALLER ME FAIRE UN CAFÉ !

8:59
ARRIVÉE D'UNE ASSISTANTE QUI N'EST MANIFESTEMENT PAS INFORMÉE DE MA VENUE ... !
LE MIEUX SERAIT QUE VOUS ALLIEZ EN SALLE DE RÉUNION...
ET UN MINIMUM DE CONSIDÉRATION C'EST POSSIBLE ?!?

WHAOUUU !!!
ÇA, C'EST UNE SALLE DE RÉUNION !
L'APPARTEMENT DE MES PARENTS DEVRAIT RENTRER DANS CETTE SALLE ...

MAIS, AU FAIT, LEQUEL DES DUPONT VIENT ME CHERCHER ?
JE NE SAIS PAS QUI ARRIVERA LE PREMIER !
POURVU QUE CE NE SOIT PAS ELLE
POURVU QUE CE NE SOIT PAS ELLE

BONJOUR JUSTINE!
OUPS ! C'EST ELLE !
TIC TIC TIC
CHA NEL
BIP BIP
GLUPS
BONJOUR...
EUHHH MOI C'EST ALICE...
C'EST PARFAIT ! VENEZ, JE VOUS INSTALLE DANS VOTRE BUREAU...
CODE DU TRAVAIL
LES DROITS..
DROIT CIVIL
LEXIQUE DE
TEXTES CONSTITUTIONNELS ÉTRANGERS
TRAITÉS EUROPÉENS
GUIDE DE L'AVOCAT
DROIT INTERNATIONAL PRIVÉ
DROITS

... APRÈS UN LONG DÉDALE DE COULOIRS...
NOUS Y VOILÀ !
LÀ ?!! À CÔTÉ DES TOILETTES ?
JE PENSAIS AVOIR UN BUREAU SEULE... ET AVEC UNE FENÊTRE ?
VOUS N'Y PENSEZ PAS JUSTINE, AU PRIX DU m² DANS LE QUARTIER.
MAIS RÉJOUISSEZ-VOUS, LE STAGIAIRE QUI SERA EN FACE DE VOUS N'ARRIVE QUE DANS UN MOIS.
AH OK SUPER !
WC
MON BUREAU snif

JE VOUS APPORTE
Les essentiels du Cabinet
AFIN QUE VOUS PRENIEZ VOS MARQUES
SUR NOS PETITES HABITUDES...
MAIS C'EST ÉNORMEEEE...
HELP
HELP
HELP
HELP
RÈGLES
I ♥ LE DROIT
VRAIMENT TROIS FOIS RIEN,
IL S'AGIT JUSTE DE QUELQUES PETITES
RÈGLES SIMPLES SUR LE FONCTIONNEMENT!

JE VOUS LAISSE, J'ENTRE EN RDV!
J'AI PEUR J'AI PEUR J'AI PEUR J'AI PEUR J'AI PEUR
J'AI PEUR J'AI PEUR J'AI PEUR J'AI PEUR J'AI PEUR J'AI PEUR
BREF! J'AI VRAIMENT TRÈS PEUR...

# Les indispensables

## La liberté du collaborateur libéral

**L'article 1.1 du RIN dispose que :**

*« La profession d'avocat est une profession **libérale** et **indépendante** quel que soit son mode d'exercice. »*

### LIEN DE SUBORDINATION

**Article 14.1 du RIN - définition de la collaboration libérale :**

*« La collaboration libérale est un mode d'exercice professionnel exclusif de tout lien de subordination par lequel un avocat consacre une partie de son activité au cabinet d'un ou plusieurs avocats ».*

### LES HORAIRES

**Civ. 1ère, 1er juill. 2015, n°13-26.824 :**

Impossibilité d'imposer des horaires fixes au collaborateur libéral.

### L'UTILISATION DES MOYENS DU CABINET

**CNB - avis déontologique n°2010/011 :**

Le collaborateur peut utiliser pour le traitement de ses dossiers personnels l'ensemble des moyens du cabinet dans des conditions normales d'utilisation sans aucune restriction ni contribution financière les 5 premières années (sauf le papier à en-tête ou les cartes de visites). Il doit cependant assumer les coûts générés par ces dossiers comme les droits de plaidoirie ou encore les frais de déplacement...

*Au-delà de 5 années de collaboration dans le même cabinet, la participation du collaborateur aux frais du cabinet pour le traitement de ses dossiers personnels peut-être contractuellement définie comme étant un pourcentage des honoraires facturés par le collaborateur (entre 10% et 15%).*

### LA CLAUSE DE CONSCIENCE

**Article 14.3 du RIN - retrait au titre de la conscience :**

*« L'avocat collaborateur libéral ou salarié peut demander à celui avec lequel il collabore ou à son employeur d'être déchargé d'une mission qu'il estime contraire à sa conscience ou susceptible de porter atteinte à son indépendance. La demande de retrait doit être exprimée suffisamment tôt pour ne pas perturber l'avancement du dossier. L'abus de droit caractérisé par un refus systématique non lié à un changement significatif dans l'orientation du cabinet doit être soumis à l'appréciation du bâtonnier ».*

# LA CLIENTÈLE PERSONNELLE DU COLLABORATEUR

**Article 14.2 du RIN - principes directeurs :**

*« Le contrat de l'avocat collaborateur libéral doit prévoir les conditions garantissant (...) la possibilité pour l'avocat collaborateur libéral de constituer et de développer une clientèle personnelle, sans contrepartie financière ».*

**Ch. mixte, 12 février 1999, n°96-17.468 :**

Pour le collaborateur ayant été mis dans l'impossibilité d'avoir une clientèle personnelle, le juge a pu retenir à bon droit que les parties étaient liées par un contrat de travail.

**Soc., 29 mars 2017, n°15-29.028 :**

Requalification du contrat de collaboration en contrat de travail aux motifs que les conditions de travail (nombre d'heures de travail et intensité exigée) du collaborateur ne lui permettaient pas de développer sa clientèle.

*Pas d'obligation de développer une clientèle personnelle (choix personnel).*

## Le collaborateur libéral et le cabinet :

- s'interdisent toute pratique de concurrence déloyale durant l'exécution du contrat et après la rupture ;
- ne peuvent, dans une même affaire, assister ou représenter une partie ayant des intérêts contraires à ceux d'un client ayant saisi en premier l'un ou l'autre.

**Article 14.3 du RIN – le contrat :**

*« **L'avocat collaborateur salarié** ne peut constituer ni développer de clientèle personnelle ; il doit se consacrer exclusivement au traitement des dossiers qui lui sont confiés pendant l'exécution de son contrat de travail ainsi qu'aux missions d'aide juridictionnelle et de commissions d'office pour lesquelles il a été désigné ».*

La mise à disposition des moyens matériels et humains pour le développement de la clientèle personnelle du collaborateur implique donc qu'il dispose d'un bureau individuel pour éviter toute atteinte au secret professionnel.

Le collaborateur doit pouvoir utiliser la salle de réunion pour recevoir librement ses clients.

S'il y a une impossibilité, alors elle doit être expressément mentionnée dans le contrat de collaboration.

6
J-8
TA ROBE,
TU ACHÈTERAS!

WOUF WOUF
GRRRR GRRRR
BON ALORS, TOUT LE MONDE M'A DIT QUE SI JE VOULAIS ÉVITER DE RESSEMBLER À UN SHARPEI...
...OU MOURIR DE CHAUD...
ALICE AU PAYS DES Robes Noires
... IL FALLAIT ABSOOOOOLUMENT ACHETER SA ROBE CHEZ « MOSC », ALORS J'Y VAIS...

ARRIVÉE DANS LA BOUTIQUE :
Maison Mosc
Costumier des Cours,
des Tribunaux
et des Universités
cui cui
cui cui
WHAOUUUUUUUU
LOVE
ELLES
SONT
MAGNIFIQUES

JE VOUS RECOMMANDE CE MODÈLE EN MICRO-FIBRES INFROISSABLE ! VOULEZ-VOUS L'ESSAYER ?
SURTOUT PAS ! IL PARAÎT QUE CELA PORTE LA POISSE DE METTRE LA ROBE AVANT LE SERMENT !
NOUS NE FAISONS QUE DU SUR-MESURE. DONC, UNE FOIS LE MODÈLE CHOISI, JE VAIS PRENDRE VOS MESURES ET NOUS LA CONFECTIONNERONS. IL FAUDRA JUSTE VENIR L'ESSAYER...
LA VENDEUSE QUI VEND DES ROBES D'AVOCATS DEPUIS SA NAISSANCE !
PARFAIT ! QUEL EST SON PRIX ?
100
100
500
500
NOOOON, TANT QUE ÇA ? ATTENDEZ, JE VAIS PASSER UN APPEL...

ALLÔ PAPA ?
OUI MAÎTRE ?
PAPA, T'ES LOURD.
DIS PAPA, JE SUIS CHEZ MOSC, TU SAIS CE SONT LES PLUS BELLES ROBES D'AVOCATS AU MONDE, ET BIEN, LE MODÈLE DE BASE, LE MOINS CHER C'EST : €€€€€€€.
TU AS DÉJA EU TA VESPA...
ALICE 110 ANS
PAPA JE T'EN SUPPLIE, UNE ROBE ÇA SE GARDE TOUTE UNE VIE TU SAIS !
TU AS DÉJA EU TA VESPA...
ET SI JE TE PROMETS QUE JE RÉDIGERAI TOUS LES COURRIERS RECOMMANDÉS QUE TU AS À ECRIRE JUSQU'À LA FIN DE TA VIE ?
TU AS DÉJA EU TA VESPA...
OK PAPA, MERCI QUAND MÊME, JE VAIS TROUVER UNE SOLUTION.

LIVRET A
TOMBOLA
013
TALON
TOMBOLA
013
TOMBOLA
013
À CONSERVER PAR LE SOUSCRIPTEUR
NOTE POUR PLUS TARD :
POUR LA COTISATION DU BARREAU,
→ DEMANDER À MAMAN!

# Les indispensables

## Le sens de la robe

Moyen Âge — Les avocats étaient des ecclésiastiques qui défendaient leur client en soutane.

Révolution Française — Suppression du port de la robe.

1810 — Napoléon rétablit le port de la robe.

Port rendu obligatoire en 1971

XXI^e siècle — Aspect extérieur codifié et intérieur personnalisable : revers colorés, doublure molletonnée ou, encore rabat à paillettes !

**Loi n° 71-1130 du 31 décembre 1971 portant réforme de certaines professions judiciaires et juridiques - article 3 :**

*« Les avocats sont des auxiliaires de justice. Ils prêtent serment en ces termes : « Je jure, comme avocat, d'exercer mes fonctions avec dignité, conscience, indépendance, probité et humanité ». **Ils revêtent dans l'exercice de leurs fonctions judiciaires, le costume de leur profession.** »*

**RIN - Article P.33 : La plaidoirie et la postulation**

*« L'avocat doit se présenter en robe devant toutes les juridictions. (Alinéa créé en séance du Conseil du 7 juillet 2015, Bulletin du barreau du 21/07/2015) L'avocat ne peut porter avec la robe de signe manifestant ostensiblement une appartenance religieuse, communautaire ou politique. »*

Egalité d'apparence.

1901 : première plaidoirie d'une femme avocate dans une affaire de contrefaçon de corsets.

Corps des avocats unique et indivisible.

**« PAS DE SEXE SOUS LA ROBE »**

Seule et unique différence : boutonnage à gauche pour les hommes et à droite pour les femmes.

Jamais sans elle tu ne plaideras.

Jeanne CHAUVIN (1901)

> *On prête serment dans la première, on gagne sa vie dans la deuxième et on meurt dans la troisième.*
>
> Frédéric GABET

## Port de la robe autorisé :

- à l'occasion de l'exercice de l'activité pour l'assistance et la représentation devant les juridictions et organes juridictionnels ;
- prestation de serment ;
- manifestations ;
- enterrement d'un confrère.

*Note à toi-même jeune padawan : la salle d'audience n'est pas un vestiaire, prends garde à enfiler ta robe avant de ne rentrer ou réflexion tu auras !*

**Avis déontologique n°2007/069 :**
Le costume d'audience trouve son origine dans le vêtement des clercs, il ne constitue donc pas un symbole de laïcité.
C'est un signe d'appartenance à l'institution judiciaire.

**Strictement interdit de porter la robe :**
- avocat frappé d'une suspension disciplinaire ;
- en dehors des palais ;
- à son cabinet ;
- en vacances ou, encore, dans les transports !

### Un avocat peut-il plaider nu sous sa robe ?

**NON !** (Et ce, malheureusement, même en période de canicule)

**Tous les 13 janvier**
*Journée mondiale sans pantalon dans le métro mais pas dans les tribunaux.*

Le comportement de l'avocat ne doit pas contrevenir aux principes essentiels qui sont la dignité et l'honneur.

*Conséquences*

Ce sont là les limites à la liberté d'expression (qu'elle soit verbale ou physique) !

## La robe, un symbole ?

Certains diront qu'il s'agit d'un symbole caché de puissance et d'indépendance à l'égard de toute autorité.

Les avocats ont décidé, en signe d'adhésion au mouvement social contre la réforme des retraites, entre décembre 2019 et février 2020, de jeter leur robe. Qu'en pensez vous ?

Contraire à la dignité ?

VS

Acte de courage et de bravoure ?

# 7

8:42
ARRIVÉE AU CABINET...
TOC TOC
ENTRETIEN
JE CLAQUE MON RECORD !!! DEUXIÈME FOIS QUE J'ARRIVE AVANT 9H00 !
J'AI HÂTE DE DIRE À MON ASSOCIÉ QUE... ÇAAAAA Y EST, DEMAIN JE PRÊTE SERMENT !

J'AI MIS MON PLUS BEAU COSTUME ZARA...
ENFIN PLUTÔT COMME ÇA !

10:53
IL N'EST TOUJOURS PAS ARRIVÉ !
FAUDRAIT PEUT-ÊTRE QUE JE BOSSE ?
BON EN MÊME TEMPS ÇA ME PERMET DE RÉFLÉCHIR À MON ANNONCE !
J'AI LE CHOIX ENTRE :
DISCOURS SUR LA LIBERTÉ DE PENSER
PSYCHOLOGIE ET PSYCHANALYSE → DOMINANCE & SOUMISSION QUELS IMPACTS ?
QUAND MÊME PAS !
(PLUS DE 1.250 PAGES EN ARIAL 7.5)
VOILÀ C'EST MIEUX !

11:35
IL ARRIVE ENFIN...
TELLEMENT BEAU...
BOUM
BOUM
BOUM
LOVE
AMOUR
J'ADORE CETTE CHEMISE !
iL
iL
iL
iL

EUUUH BONJOUR JE SUIS ALICE, LA NOUVELLE STAGIAIRE ENFIN EUUUH LA FUTURE...
DÉPÊCHEZ-VOUS, VOUS NE VOYEZ PAS QUE JE SUIS PRESSÉ ?
EUUUUH NON...
BAH JE LE SUIS, JE DÉJEUNE AVEC UN CLIENT QUI PÈSE PLUS DE 600 K€ DE CHIFFRE D'AFFAIRES ALORS, VOUS..., VOUS COMPRENEZ ?
EUUUUH...
BREF, VOYEZ AVEC SYLVIE.
NON, RIEN À VOIR AVEC SYLVIE... C'EST JUSTE POUR VOUS DIRE QUE... ENFIN... JE PRÊTE SERMENT DEMAIN...
SYLVIE
ASSISTANTE DÉVOUÉE, TOUJOURS DERRIÈRE LUI AVEC UN CASQUE DICTAPHONE ET UN BLOC NOTE. ELLE ÉDITE LES PROFORMAS ET GÈRE BOBONNE TROISIÈME DU NOM...
→ MÉGA IMPORTANTE !

JE DISAIS : JE PRÊTE SERMENT DEMAIN ET MES PARENTS (SURTOUT MA MÈRE) RÊVENT DE VOUS RENCONTRER... BIEN SÛR, MOI AUSSI, CELA ME FERAIT TROP, ENFIN, TRÈS PLAISIR QUE...
IL
PARDON ?
VOUS POUVEZ FINIR UNE PHRASE ?
JE VAIS M'AMÉLIORER.
ILS DISENT TOUS ÇA MAIS ILS MENTENT TOUS ! ET DONC ? VOUS VOULEZ QUOI JUSTINE ?
ALICE !
JE PENSE TRÈS FORT À MON PROF DE SPORT DE 5ÈME QUI ME DISAIT QUE "MONTER À LA CORDE, C'EST JUSTE DE LA CONFIANCE..."
JUSTINE OU ALICE, C'EST PAREIL ! RÉPONDEZ À LA QUESTION !
J'AIMERAIS QUE VOUS VENIEZ À MA PRESTATION DE SERMENT QUI A LIEU DEMAIN...

ET LÀ, À CET INSTANT PRÉCIS, LE TEMPS, S'EST ARRÊTÉ PENDANT... UNE ÉTERNITÉ...
CELA ME RAPPELLE MA PRESTATION DE SERMENT, JE VOUS RACONTE ?
AVEC PLAISIR... MAIS BOF...
PARFAIT ! ASSEYEZ-VOUS JUSTINE, JE VAIS VOUS RACONTER MA PRESTATION DE SERMENT. CET INSTANT PRÉCIS DU 18 JUIN 1986, ALORS QUE J'ÉTAIS JEUNE ET AMBITIEUX...
AU TEMPS DES ROIS ET DES REINES ?
PARDON ?
RIEN, RIEN...

12:42
NOUS Y ÉTIONS TOUJOURS...
JE bla bla bla JE bla bla bla JE bla bla bla J'AI DIT bla bla bla BRILLANT bla bla FASCINANT bla bla
ZZZZZzzz
VOUS M'ÉCOUTEZ ?
BIEN SÛR ! C'EST FORMIDABLE D'AVOIR VÉCU ÇA À CETTE ÉPOQUE...
EUH MAUVAISE RÉPONSE !
BON, JE VOIS... VOUS LES JEUNES, RIEN NE VOUS INTÉRESSE... RIEN !
... DONC VOUS VENEZ ?
NON ! JE PENSE PAS CAR J'AI MON COURS D'AQUABIKING. DEMANDEZ À SYLVIE DE VENIR ET DE M'ENVOYER UNE PHOTO ! ÇA ME FERA PLAISIR !

D 250
LA LOUZE

# Les indispensables

## L'histoire de la prestation de serment

**1274**

**Ordonnance de Philippe III le Hardi**
Premières dispositions réglementaires relatives au barreau français.

L'avocat jure sur les Evangiles *« de ne rien négliger pour la défense de son client et de ne point se charger d'une cause reconnue comme mauvaise ».*

L'avocat devra renouveler son serment tous les ans.

**1789**

Serment plus simpliste, l'avocat doit jurer *« d'observer les ordonnances, arrêts, et règlements de la Cour »* sur l'Evangile en présence du Premier Président du Parlement.

**1804**

**Loi du 31 mars 1804 – article 31 :**

*« Je jure en tant qu'avocat de ne rien dire ou publier, comme défenseurs ou conseils, de contraire aux lois, aux règlements, aux bonnes mœurs, à la sûreté de l'Etat et à la paix publique, et de ne jamais m'écarter du respect dû aux tribunaux et aux autorités publiques ».*

**1822**

L'avocat jure d'être fidèle au Roi et d'obéir à la chartre constitutionnelle.

**1941**

Le gouvernement de Vichy modifie le serment de 1804 :

*« Je jure en tant qu'avocat de ne rien dire ou publier, comme défenseurs ou conseils, de contraire aux lois, aux règlements, aux bonnes mœurs, à la sûreté extérieure et à la paix publique, et de ne jamais m'écarter du respect dû à la justice et aux autorités de l'Etat français. »*

**1982**

**Loi 15 juin 1982 - le « serment de Badinter »**

L'avocat jure *« d'exercer ses fonctions avec dignité, conscience, indépendance et humanité ».*

Serment dépourvu de tout caractère politique

4 vertus de l'avocat

Après moult débats parlementaires :

**Loi du 31 décembre 1990 - article 2 :**

*« Je jure, comme avocat, d'exercer mes fonctions avec dignité, conscience, indépendance, probité et humanité ».*

**L'élève-avocat** est, lui-aussi, soumis au secret professionnel et doit prêter un petit serment :

*« Je jure de conserver le secret de tous les faits et les actes dont j'aurai eu connaissance en cours de formation ou de stage. »*

## CHIFFRES CLÉS AU 1er JANVIER 2019

Effectif total de la profession : **68 464** avocats dont **56,4 % de femmes**

Âge moyen : **43,9** ans

Le barreau de Paris représente 42 % de l'effectif total dont 40% de avocats exercent en qualité de collaborateurs.rices.

Densité moyenne :
- au niveau national : **102,6 avocats pour 100 000 habitants**
- pour le barreau de Paris : **1 319 avocats pour 100 000 habitants**

Le Petit Journal

SUPPLÉMENT ILLUSTRÉ

Huit pages : CINQ centimes

DIMANCHE 23 DECEMBRE 1900

LA PREMIÈRE FEMME-AVOCAT

Prestation de serment de Mme Petit

© Bianchetti/leemage

Olga BALACHOWSKY-PETIT
est la première femme à avoir prêté serment en 1900

## MODES D'EXERCICE AU 1er JANVIER 2019

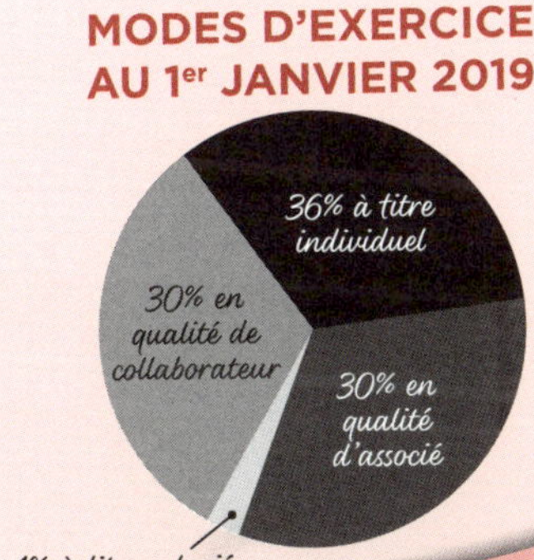

# 8

## J-J
## AU JOUR J, TU TE PRÉPARERAS !

10:18
POUR UNE CONVOCATION À 13H...
CHERS FUTURS AVOCATS
bla bla bla bla bla bla bla bla bla
CONVOCATION 13H00
... JE NE SERAI PAS EN RETARD !
JOIE
BONHEUR
FIERTÉ

AH OUI !
QUAND MÊME...
PRESSION PRESSION PRESSION PRESSION
PALAIS DE JUSTICE
...
J'VEUX PAS
Y ALLER !
HELP !

COURAGE ! FAUT QUE J'Y AILLE...
...ENFIN SI J'ARRIVE À ENFILER CETTE MAUDITE ROBE !
Y A COMBIEN DE POCHES ?!!!...
ARGHHH
HELPPPP

11:43
APRÈS VINGT-QUATRE CAFÉS DANS LES VESTIAIRES...
JE CROIS QUE J'EN AI UN PEU TROP BU...
1
2
3
4
12
18
22
ET LE NUMÉRO GAGNANT!
24
SUPERALICE
VOUS AUTRES LES DUPOND-MORETTI, SPZINER, PIERRAT... VOUS N'AVEZ QU'À BIEN VOUS TENIR!
ME VOICIII!

13:02
DANS LA BIBLIOTÈQUE DE L'ORDRE
MAIS QUE C'EST BEAU !
SAVIEZ-VOUS QUE L'ORDRE DES AVOCATS DU BARREAU DE PARIS DOIT SA BIBLIOTÈQUE À LA GÉNÉROSITÉ D'UN DE SES AVOCATS E. GABRIAU DE REPARFONS ?

CHICAPIC
GROARRRRRR
LA HONTE,
J'AI LE VENTRE QUI GARGOUILLE.
MA MÈRE M'AVAIT POURTANT DIT DE MANGER DES CHICAPIC CE MATIN...
ET IL N'Y A MÊME PAS UN VERRE D'EAU POUR ME CALER... ET J'AI SUPER ENVIE D'ALLER AUX WC...

13:11
SÉANCE PHOTOS
NOM : LE "CHINOIS"
PROFESSION : PHOTOGRAPHE OFFICIEL DEPUIS DES SIÈCLES !
MISSION : RÉALISER LE PORTRAIT DES FUTURS AVOCATS AVEC LEUR ROBE DANS LA BIBLIOTHÈQUE DE L'ORDRE.
J'EN PEUX PLUS !
C'EST LA CINQUIÈME FOIS QU'IL ME DEMANDE DE SOURIRE NATURELLEMENT !
J'AI TELLEMENT CHAUD QUE MON MASCARA DÉGOULINE. EN PLUS, J'AI MIS MA COLLERETTE À L'ENVERS !
CLIC
CLAC

# *Les indispensables*

## Le contenu du serment

*« Je jure, comme avocat, d'exercer mes fonctions avec dignité, conscience, indépendance, probité et humanité. »*

Principes essentiels rappelés par le décret n° 2005-790 du 12 juillet 2005 relatif aux règles de déontologie de la profession d'avocat et aux termes du RIN.

**SERMENT**

A-Z

*Nom masculin - latin sacramentum, de sacrare, rendre sacré :*

Affirmation solennelle de quelqu'un en vue d'attester la vérité d'un fait, la sincérité d'une promesse, l'engagement de bien remplir les devoirs de sa fonction.

Définition du Larousse

**Loi n° 71-1130 du 31 décembre 1971 – article 17**

*Le conseil de l'Ordre a pour mission de : « maintenir les principes de probité, de désintéressement, de modération et de confraternité sur lesquels repose la profession et d'exercer la surveillance que l'honneur et l'intérêt de ses membres rendent nécessaire ».*

### DIGNITÉ

La dignité renvoie à l'honneur de la profession. L'avocat doit agir avec sobriété, respect de lui-même et des autres, avec mesure dans son comportement et ses propos.

**Civ. 1ère, 10 sept. 2015, n°14-24.208 :**

Si l'avocat a le droit de critiquer le fonctionnement de la justice ou le comportement d'un magistrat, sa liberté d'expression n'est pas absolue et ne s'étend pas aux propos véhéments dirigés contre un juge, mettant en cause son éthique professionnelle.

### CONSCIENCE

Il s'agit du sens moral de la profession. L'avocat doit exercer avec sérieux et professionnalisme. Il ne peut traiter les dossiers qu'en accord avec son intuition profonde.

*Cf. clause de conscience*

## INDÉPENDANCE

L'avocat est indépendant matériellement, moralement et socialement. Il doit exercer sans subir de pressions extérieures c'est-à-dire en dehors de tout lien de subordination vis-à-vis de ses clients et des magistrats.

*Ou le poids de la liberté comme dirait certains ...*

**Arrêté disciplinaire n° 159741, 26 février 2008 :**

Adopte un comportement contraire aux principes de délicatesse et de confraternité et méconnaît l'indépendance intellectuelle du collaborateur et sa maîtrise de l'argumentation dans un climat de confiance, de loyauté et de délicatesse, consacrés par l'article 14 RIN, l'avocat qui inscrit des annotations volontairement cinglantes et humiliantes sur certains des travaux que lui soumettent ses collaborateurs.

## PROBITÉ

L'avocat doit exercer dans le respect des devoirs moraux et civils. Il s'agit de l'honnêteté intellectuelle.

*D'où le casier judiciaire vierge !*

**Arrêté disciplinaire n° 285502, 11 juillet 2017 :**

Défaut de déclaration de sinistre. Manque aux principes de diligence et de probité l'avocate désignée par l'aide juridictionnelle qui ne déclare pas à sa compagnie d'assurance un sinistre consécutif à l'irrecevabilité du recours de son client devant une Cour d'appel administrative en raison du défaut de présentation d'une requête.

**Arrêté disciplinaire n° 277466, 22 novembre 2016 :**

Manque aux principes essentiels de dignité, prudence, honneur, probité et confraternité l'avocate qui poste une annonce proposant de louer son cabinet de 20 heures à 8 heures, alors même qu'elle n'aurait pas eu pour but réel la location de son bureau, lequel n'a jamais été loué, mais d'illustrer un article sur « l'ubérisation » de la profession d'avocat.

**Cass. 1ère civ. 5 avril 2012, n° 11-11.044 :**

Propos racistes à l'égard de jurées émis en dehors du prétoire. L'avocat n'étant pas protégé par l'immunité de l'article 41 de la loi du 29 juillet 1881 en dehors du prétoire, des propos présentant une connotation raciale jetant l'opprobre sur les jurés et la suspicion sur leur probité, caractérisent un manquement aux devoirs de modération et de délicatesse.

## HUMANITÉ

L'avocat doit être bienveillant, compréhensif et empathique envers autrui.

*Une fois le serment prêté, l'avocat s'oblige à le respecter en tout temps (vie professionnelle et personnelle) et ne peut se compromettre.*

9
J-72
DIRE OUI, TU JURERAS !

13:30 ARRIVÉE À LA PREMIÈRE CHAMBRE DE LA COUR D'APPEL DE PARIS

ILS SONT TOUS VENUS POUR PARTAGER AVEC MOI CE MOMENT QUE J'ATTENDS DEPUIS SI LONGTEMPS !

→ MAMIE AUX COLLANTS VERTS À POIS A RÉUSSI À VENIR.

→ PAPA A RESSORTI SA CRAVATE DE MARIAGE.

→ MAMAN, RATÉE PAR SON COIFFEUR, A MIS SES TALONS DE 12 CM POUR PRENDRE UN MAX DE PHOTOS DE LA SALLE.

→ MON FRÈRE, LE BEAU GOSSE N'ARRIVE PAS À RENTRER TELLEMENT IL Y A DE MONDE.

OK, ILS AVAIENT DIT DEUX PERSONNES PAR FUTUR AVOCAT.
IL FAUT ENCORE QUE MA TANTE HORTENSE ET MES COUSINS PUISSENT ENTRER.

14:02
BON, ÇA Y EST, C'EST PARTI...
COUR D'APPEL
PREMIÈRE CHAMBRE
COUR D'APPEL
TOP DÉPART DES DISCOURS DU PRÉSIDENT DE LA CHAMBRE, DU PROCUREUR ET DU BÂTONNIER.
JE SUIS BLUFFÉE, ILS EN SERAIENT ÉMOUVANTS ET, SURTOUT, POIGNANTS.
VAIS-JE ÊTRE À LA HAUTEUR ?
GROS, GROS TRAC !
JE SENS LE POIDS DE LA FONCTION M'ÉCRASER...

14:22
Ô RAGE ! Ô DÉSESPOIR ! Ô VIEILLESSE ENNEMIE !
C'EST TOUUUUT ?! NON MAIS ALLO QUOI ?
ON DOIT JUSTE DIRE « JE LE JURE » APRÈS LE PRONONCÉ DE NOTRE NOM ET C'EST TOUT ? TOUT ÇA POUR ÇA ?
BREF, MAMIE N'A RIEN VU, TATIE ÉTAIT AU TÉLÉPHONE, PAPA A PLEURÉ, C'ÉTAIT RI-DI-CU-LE !
MAMAN N'A PAS EU LE TEMPS DE ME PRENDRE EN PHOTO, ET MON FRÈRE N'A PAS RÉUSSI À RENTRER DANS LA SALLE.
MA TANTE HORTENSE ET MES COUSINS SONT TOUJOURS EN TRAIN DE PASSER LA SÉCURITÉ À L'EXTÉRIEUR, À L'ACCÈS VISITEURS.

14:55 - 16:32
DÉJEUNER AVEC
LA FAMILLE
BIEN ARROSÉ...
VIVE LE SUKE

...UN PEU TROP... COMME TOUJOURS AVEC MA FAMILLE !
IL NE ME RESTE QU'UNE SOLUTION...
UN SUICIDE AU CITRATE DE BÉTAÏNE !
HELP

# Les indispensables

## La portée du serment

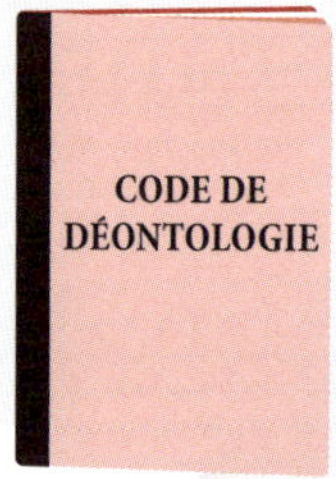


« *Le serment est sûrement l'engagement le plus fort qu'un homme libre puisse souscrire.* »

Monsieur le Bâtonnier Christian GIABICANI

**Article 1.3 du RIN - respect et interprétation des règles :**

*Les principes essentiels de la profession guident le comportement de l'avocat en toutes circonstances. L'avocat exerce ses fonctions avec dignité, conscience, indépendance, probité et humanité, dans le respect des termes de son serment. Il respecte en outre, dans cet exercice, les principes d'honneur, de loyauté, d'égalité et de non-discrimination, de désintéressement, de confraternité, de délicatesse, de modération et de courtoisie. Il fait preuve, à l'égard de ses clients, de compétence, de dévouement, de diligence et de prudence.*

**Article 1.5 du RIN - devoir de prudence :**

*En toutes circonstances, la prudence impose à l'avocat de ne pas conseiller à son client une solution s'il n'est pas en mesure d'apprécier la situation décrite, de déterminer à qui ce conseil ou cette action est destiné, d'identifier précisément son client. A cette fin, l'avocat est tenu de mettre en place, au sein de son cabinet, une procédure lui permettant d'apprécier, pendant toute la durée de sa relation avec le client, la nature et l'étendue de l'opération juridique pour laquelle son concours est sollicité. Lorsqu'il a des raisons de suspecter qu'une opération juridique aurait pour objet ou pour résultat la commission d'une infraction, l'avocat doit immédiatement s'efforcer d'en dissuader son client. A défaut d'y parvenir, il doit se retirer du dossier.*

**Article 2 du RIN - le secret professionnel :**

*L'avocat est le confident nécessaire du client.*
*Le secret professionnel de l'avocat est d'ordre public. Il est général, absolu et illimité dans le temps.*

Limites au secret professionnel :
- besoin de la défense ;
- et infraction pénale.

**Civ. 1ère, 6 avril 2004, n°00-19.425 :**

*« L'obligation au secret professionnel, établie pour assurer la confiance nécessaire à l'exercice de certaines professions ou de certaines fonctions, s'impose à l'avocat, hormis les cas où la loi en dispose autrement comme un devoir de son état (...), elle est générale et absolue, de sorte que l'avocat ne peut en être délié par son client. »*

**Article 3 du RIN - la confidentialité :**

*Tous les échanges entre avocats, verbaux ou écrits quel qu'en soit le support (papier, télécopie, voie électronique ...), sont par nature confidentiels. Les correspondances entre avocats, quel qu'en soit le support, ne peuvent en aucun cas être produites en justice, ni faire l'objet d'une levée de confidentialité.*

**Avis déontologique n° 231195, 26 juin 2012 :**

La règle de confidentialité s'applique à toute personne employée dans un cabinet d'avocat, qui ne peut donc faire produire en justice, sous peine de s'exposer elle-même à des poursuites pour violation du secret professionnel, des conversations qu'elle aurait eues avec son ex-employeur avocat.

**Avis déontologique n°239739, 28 mars 2013 :**

Le client, qui n'est soumis à aucun secret professionnel, peut produire en justice la consultation écrite qu'il a obtenue et qui lui paraît nécessaire à la défense de ses intérêts, bien qu'il doive alors, par courtoisie envers l'auteur de cette consultation, l'informer de cette production.

**Article 4 du RIN - les conflits d'intérêts :**

*L'avocat ne peut être ni le conseil ni le représentant ou le défenseur de plus d'un client dans une même affaire s'il y a conflit entre les intérêts de ses clients ou, sauf accord des parties, s'il existe un risque sérieux d'un tel conflit. Sauf accord écrit des parties, il s'abstient de s'occuper des affaires de tous les clients concernés lorsque surgit un conflit d'intérêt, lorsque le secret professionnel risque d'être violé ou lorsque son indépendance risque de ne plus être entière. Il ne peut accepter l'affaire d'un nouveau client si le secret des informations données par un ancien client risque d'être violé ou lorsque la connaissance par l'avocat des affaires de l'ancien client favoriserait le nouveau client. Lorsque des avocats sont membres d'un groupement d'exercice, les dispositions des alinéas qui précèdent sont applicables à ce groupement dans son ensemble et à tous ses membres. Elles s'appliquent également aux avocats qui exercent leur profession en mettant en commun des moyens, dès lors qu'il existe un risque de violation du secret professionnel. Les mêmes règles s'appliquent entre l'avocat collaborateur, pour ses dossiers personnels, et l'avocat ou la structure d'exercice avec lequel ou laquelle il collabore.*

**Article 5 du RIN - respect du principe du contradictoire :**

*L'avocat se conforme aux exigences du procès équitable. Il se comporte loyalement à l'égard de la partie adverse. Il respecte les droits de la défense et le principe du contradictoire. La communication mutuelle et complète des moyens de fait, des éléments de preuve et des moyens de droit se fait spontanément, en temps utile et par les moyens prévus par les règles de procédure. Un avocat correspond avec un confrère par voie électronique à l'adresse figurant sur les documents professionnels de son correspondant.*

10
J-J,
ET DÈS
TON RETOUR,
TU ASSIGNERAS !

17:17
RETOUR AU CABINET...
MINCE ! JE CROISE SYLVIE.
C'EST À CETTE HEURE LÀ QUE TU ARRIVES ? IL T'A CHERCHÉE PARTOUT. IL FAUT QUE TU LE NOTES DANS L'AGENDA SI TU N'ES PAS LÀ...
ET JE TE DÉCONSEILLE D'AVOIR TROP DE DOSSIERS PERSO, C'EST MAL VU !
MAIS NON !!! PAS DU TOUT J'ÉTAIS À MA PRESTATION DE SERMENT...
ET ÇA SE TERMINE SI TARD ?
BEN... TOUTE MA FAMILLE AVAIT FAIT LE DÉPLACEMENT. APRÈS NOUS SOMMES ALLÉS DÉJEUNER.
C'EST BIEN CE QUE JE DISAIS, IL FAUT NOTER TOUT ÇA DANS L'AGENDA. IL DOIT SAVOIR OÙ TU ES...
PAS SYMPA DU TOUT LA SYLVIE !!!

17:22
ENFIN DANS MON BUREAU...
ZZZZZZZ
IL FAUT QUE JE BREAKE UN PEU AVANT DE M'Y METTRE.
TOME XII DURAND
TOME XXX SCI LA
I ♥ LE DROIT
TOME III

17:23
SYLVIE ENTRE...
IL M'A DEMANDÉ DE T'APPORTER QUELQUES NOUVEAUX DOSSIERS MAINTENANT QUE TU ES AVOCATE...
STRESS
100 %
JE NE VAIS PAS Y ARRIVER!
I ♥ LE DROIT

AU FAIT, TU AS UN BOUQUET DE FLEURS DANS LA CUISINE...
WHAOUUUUUUU
IL TIENT PEUT-ÊTRE UN PEU À MOI
IL

MAINTENANT, JE SUIS AUX MANETTES... ET ILS VONT VOIR QUI EST SUPER-ALICE !
C'EST PARTI MON KIKI !!!
OBJECTIF :
ÊTRE DANS LE CLASSEMENT DÉCIDEURS (*) L'AN PROCHAIN !
CHICHE...
(*) CLASSEMENT DES MEILLEURS CABINETS D'AVOCATS EN FRANCE, DANS CHAQUE SPÉCIALITÉ D'ACTIVITÉ.
À SUIVRE...

Dans la collection Le Meilleur du Droit by Enrick B. Éditions

## Nos bandes déssinées

## Nos livres (droit décalé et pop-culture)

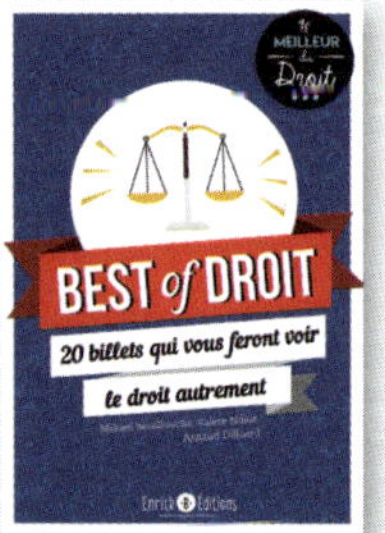

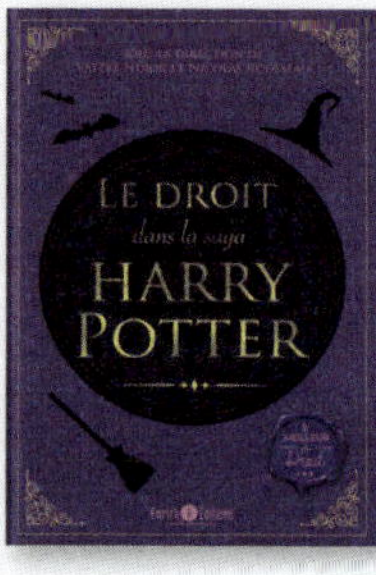

## Nos romans judiciaires

## Nos ouvrages d'exercices

*Et bien d'autres à venir...*

# *Nos autres collections pour (re)découvrir, apprendre et... l'amour du droit !*

www.enrickb-editions.com/droit

**Lexifiche**, du legal design et des moyens mnémotechniques pour vous offrir le droit en un clin d'œil

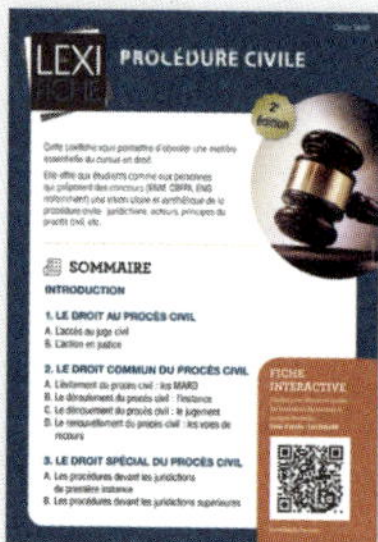

**Chroniques juridiques**, des retours d'expérience pour vous accompagner dans la réussite de vos parcours

Enrick B. Éditions s'engage dans une démarche écoresponsable.
Saviez-vous qu'en achetant ce livre vous faisiez un micro-don ?
Celui-ci nous servira à remplir notre objectif : **planter un arbre par jour**.

C'est bien beau tout cela ?
Mais parle-t-on d'un hypothétique arbre, dans une forêt abstraite ?

Pas du tout !
Les arbres en question, des chênes sessile, cèdres de l'Atlas,
sapins de Douglas et pins maritimes, seront plantés à Beaumont-Village
en Indre-et-Loire (37).

Ainsi, bien que le livre et la presse magazine soient des secteurs
gourmands en papier, nous limitons notre impact environnemental
en permettant la plantation d'un nombre d'arbres supérieur
à ce que nous utilisons.
Un geste nécessaire pour préserver notre belle planète.

Enrick B. Éditions

Nous retrouver sur les réseaux sociaux

Les pages Facebook, Instagram et Twitter d'Enrick B. Éditions
@EnrickBEditions

Imprimé en UE (Bulgarie) par Colorix
Impression et dépôt légal . Deuxième trimestre 2020

Diffusion : CED-CEDIF
Distribution : DILISCO

Enrick B. Éditions